PATACOADA

Texto de Ricardo Ramos Filho

Ilustrações de Janaina Tokitaka

Copyright do texto © 2023 Ricardo Ramos Filho
Copyright das ilustrações © 2023 Janaina Tokitaka

Direção e curadoria	Fábia Alvim
Gestão editorial	Felipe Augusto Neves Silva
Diagramação	Luisa Marcelino
Revisão	Iorides Anate

Catalogação na publicação
Elaborada por Bibliotecária Janaina Ramos – CRB-8/9166

R175p
Ramos Filho, Ricardo

Patacoada / Ricardo Ramos Filho; Janaina Tokitaka (Ilustração). – São Paulo: Saíra Editorial, 2023.
48 p., il.; 20 x 27 cm

ISBN: 978-65-81295-33-2

1. Literatura infantil. I. Ramos Filho, Ricardo. II. Tokitaka, Janaina (Ilustração). III. Título.

CDD 028.5

Índice para catálogo sistemático:
1. Literatura infantil 028.5

Todos os direitos reservados à Saíra Editorial

◉ @sairaeditorial   f /sairaeditorial
⊕ www.sairaeditorial.com.br
◉ Rua Doutor Samuel Porto, 411
   Vila da Saúde – 04054-010 – São Paulo, SP

*EU SOU O POETA MAIS IMPORTANTE DA MINHA RUA,
MESMO PORQUE MINHA RUA É CURTA.*

JOSÉ PAULO PAES

*Em memória de José Paulo Paes,
o poeta mais importante de
muitas e longas ruas.*

POEMAS EMPENADOS

EMPENADO

Não tem pena, passarinho?
Bico apontado, pontudo
Avoa pro céu, sortudo
Vê lá de cima o caminho.

Pena tem não, viajante?
Da gente aqui caminhando
Você nas nuvens voando
Chegando assim tão distante.

Tem pena não, comandante?
Passeando ao pé da lua
Que redonda assim tão nua
Põe na vida alvejante.

Tem pena sim, passarim!
Empenada criatura
Que sem pena a vida é dura
Tem muita pena de mim.

PATACOADA

Cara do pato.
Pata se cala.
Canela.

Pata do pato.
Pata se pela.
Panela.

Filha do pato.
Pata da vila.
Fivela.

Mata do pato.
Pata na sola.
Mazela.

Time do pato.
Pata da mula.
Tigela.

SABIÁ MALANDRO

Sabiá
Laranjeira,
furta fruta
da fruteira.

Meu caqui,
bem-te-vi!

Sabiá
Carambola,
prova parvo
da gaiola.

E que mico,
tico-tico!

Sabiá
Seringueiro,
clama calma
no poleiro.

Eu espero,
quero-quero!

Sabiá
Samambaia,
rapta prata
na tocaia.

Vê que mau,
pica-pau!

Sabiá
Passarinho,
torce treco
no biquinho.

Que horror,
beija-flor!

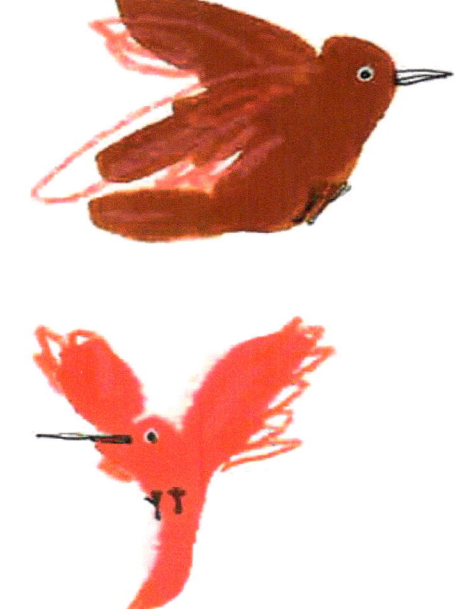

PASSARADA

Avoa no espaço, sanhaço!
Agarra na saia, jandaia!
Se perde no céu, xexéu!
Engole esse grão, faisão!
Caminha pra mim, pinguim!
Cê tá maluco, macuco?
Pinta esse pano, tucano!
Não sai da linha, rolinha!
Que foi que eu fiz, perdiz?
Mas que meleca, marreca!
Quem foi que te viu, tiziu?
Teu bico tem pó, socó!
Solta essa pá, guará!
Não fica mudo, bicudo!
Hei, tico-tico-rei!
Errei!

PERIQUITO FANIQUITO

Periquito faniquito
não para de farfalhar.
Arrulha um bagulho doido
que eu nem sei decifrar.

Periquito esquisito
não para de gargalhar.
Arruma um barulho doido
que não sei fazer calar.

Xô, periquito!
Chega de faniquito!

SABIÁ APAIXONADO

Vire o disco, sabiá!
Ela não ouve e nem pia
com esse assobio tão chato.
Ofereça rosa, alpiste,
vá escrever poesia,
um soneto sobre o mato.
Faz bem quem insiste,
mas serenata é antigo,
velho mesmo, meu amigo.
Não comove a namorada
n'outro lado da calçada.
Vire o disco, sabiá!

CONTA OUTRA!

Mamãe gansa,
me conta uma história?
Menino,
você não se cansa?
Eu conto, conto...
Você não se cansa?
Um contar tão sem fim...
Tá bom assim pra mim.

MARRA DE MARRECO

O marreco da marreca
por merreca não morreu,
recebeu coice do burro
que resvalou de raspão.

Escorregou no curral,
o bico forrou de barro,
cobriu-se de carrapato,
perdeu logo a razão.

Correu rápido à forra
grasnando louco de raiva,
no burro quis dar um murro
o marreco fanfarrão.

Birrento e cheio de marra,
o quadrúpede emburrado
zurrou um zurro zurrado
com a força do coração.

O marreco da marreca
sumiu daquele barraco,
com medo rumou pra roça,
fugiu do burro grandão.

GALANICE

O galo é galinha.
O galo é galã.
O galo é galante.
O galo é gabola.
Galo-doido!
Só canta de galo
Na noite de gala.

POEMAS DE BRINCAR

TRAVA-LÍNGUA

Paca pacata
Pataca
Pato pateta
Topete
Sapo sapeca
Sapato
Paca pacata
Tacape
Pato pateta
Tapete
Sapo sapeca
Repete

REFORMA ORTOGRÁFICA

— Cadê o seu chapeuzinho?
Não me diga que perdeu...
— Quem, eu? Fui mais é roubado,
só me deixaram o nexo.

— Sigo agora meu **VOO**,

estranhamente pelado,
saudoso do circunflexo.

COMENDO LETRA

Sem prato
Sem rato
Sem ato
Sento
Seno
Sem
Se
S
s
s
s
s
s
s
s
s

RETICÊNCIAS EM FÉRIAS

Reticências tiraram férias.

Viajaram pras ilhas

F I J I

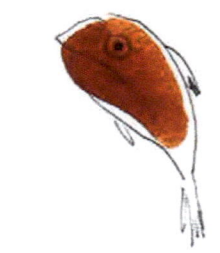

DÚVIDA

Será que o rio ri?
Eu rio!

CHAPEUZINHO VERMELHO

Cadê a vovó que estava aqui?
O lobo comeu!
Cadê o lobo?
Fugiu pra floresta.
Cadê a floresta?
Passeando com Chapeuzinho.
Cadê Chapeuzinho?
Perdeu-se.
Cadê o caminho?
Tchau!

SONHO INFANTIL

Se essa rua,
Se essa rua fosse minha,
Eu usava,
Eu usava pra brincar
Tigelinha
Cabra-cega palitinho
Patinete
Serra-serra serrador...

Se essa rua,
Se essa rua fosse minha,
Eu usava,
Eu usava pra brincar
Abobrinha
Pique-pega castelinho
Bambolê
Rema-rema remador...

Se essa rua,
Se essa rua fosse minha,
Eu usava,
Eu usava pra brincar
Violinha
Tique-taque chicotinho
Quebra pote
Joga-joga jogador...

PARLENDAS

Protestante, pé de pinto
Quando morre vai pros quinto
Católico, pé de véu
Quando morre vai pro céu

Homem com homem
Mulher com mulher
Faca sem ponta
Galinha sem pé

E a gente só repetindo
Falando, dizendo, rindo
E a gente tão sem pensar
Dando sorte pro azar

Enganei um bobo
Na casca do ovo!

JOAQUIM JOSÉ DA SILVA XAVIER

Tira aqui meu siso,
Seu Tiradentes!
Dói muito
essa inconfidência
no dente.
Tira com liberdade,
ainda que tardia,
sem dó!
Arranca com alicate
meu disparate.

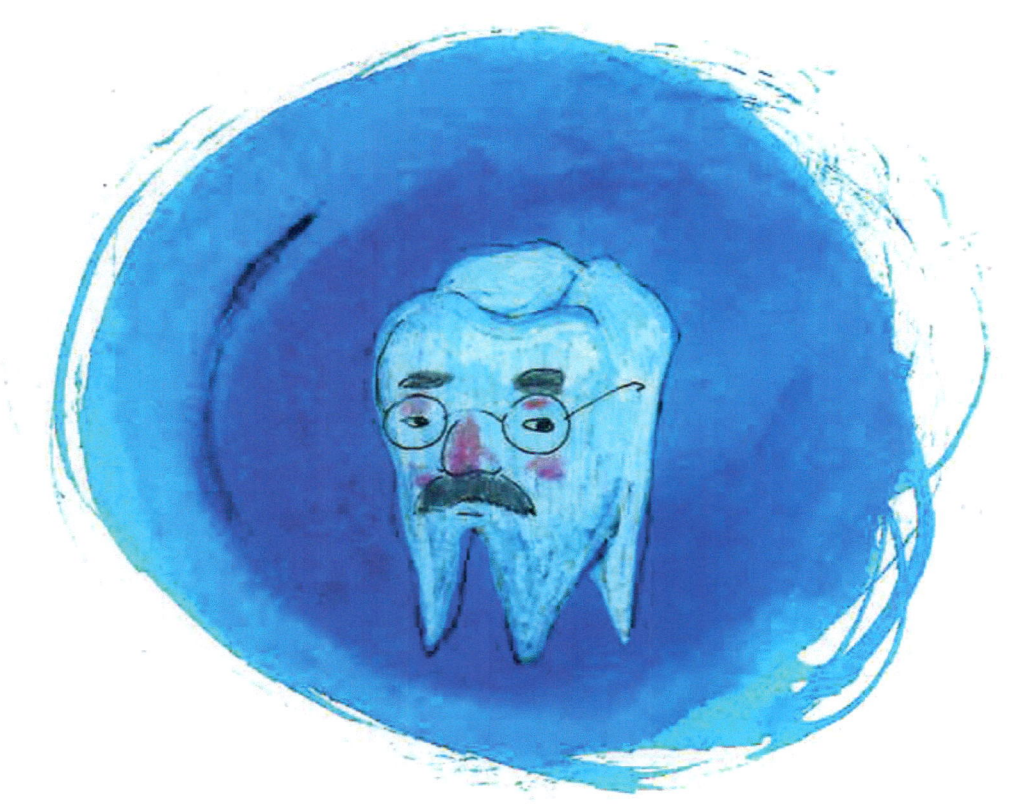

POEMAS DO TAMANHO DO MUNDO

ZERO

Meu mundo caiu,
Rolou feito bola
No chão da escola.

VENTO TRISTE

Vuuuuuuuuuuuuuuuuu!
Por que o vento tá triste?
Vai ver brigou com a brisa,
ou cansou de assoprar
os machucados do mundo.

MUNDÃO

Mundo velho sem porteira
de metal ou de madeira.
Mundo gato, mundo cão.
Mundo, mundo, grande mundo,
mundo imundo, mundão.
Maior é meu coração.

TEMPO

Como se fosse um globo,
dizem que gira o mundo.
Fazendo papel de bobo,
gastando cada segundo.

Minutos fora jogando,
comendo a vida inteira,
horas assim vai levando,
marcando o chão com poeira.

SÃO JOÃO

O balão já subiu
Já caiu a garoa
O céu ninguém viu
Essa noite destoa
São João, São João
Apaga a fogueira
Do meu coração

POEMAS DOS BICHOS SEM PENA

DESAGATO

Gato gatuno
noturno
de toga
soturno
no turno
da noite
tunga.

MOSQUITINHO MATUSQUELA

Um Aedes aegypti,
Mosquitinho matusquela.
Gripado e com sinusite,
Entrou por uma janela.

Torto, voando de lado,
no abajur foi se aquecer,
acabou todo queimado,
o que fez pra merecer?

Brilhando viu uma testa,
decidiu picar o dono
embalado numa sesta,
roncando em pleno sono.

Recebeu tapa tão forte,
barulhento e estalado,
que se não fosse por sorte
tinha mesmo se acabado.

Sentiu apenas o vento,
a mão passou de raspão.
Fugiu dali pro relento,
resolveu lamber sabão.

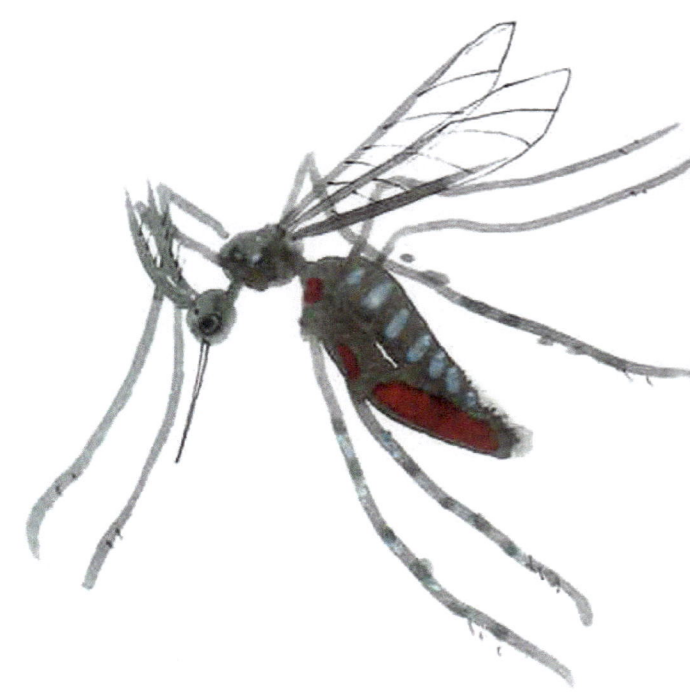

LOUVA-DIABINHOS-DA-TASMÂNIA

A diaba da Tasmânia
casou com um louva-a-deus.
A noiva chamava Tânia,
o noivo ateu Mateus.

Foi, portanto, no civil
essa união diferente.
E filhos tiveram mil,
botaram nome de gente.

Julio, Tadeu, Hemengarda
Ivo, Romeu, Raimundinha
Pedro, Pafúncio, Eduarda,
Júlia, Janice, Paulinha.

Cada nome tem sua vez
fala sempre mamãe Tânia,
O próximo Juarez
Louva-diabo-da-Tasmânia.

VAGA-LUME

Pirilampo vaga-lume
lanterninha a brilhar
risca de luz o negrume
dessa noite sem luar.

Vaga-lume pirilampo
faiscando sem parar
pipoca de luz o campo
acendendo meu olhar.

Vagalampo pirilume,
você me confundiu,
já não sei se a luz é lume
ou meu sonho que luziu.

O GATO E O RATO

O gato viu o rato.
Correu, cercou, sorriu.
O rato viu o gato.
Correu, perdeu, sumiu.

Cadê o rato que tava aqui?
O gato engoliu.

CRISE NO REINO DA BICHARADA

A crise também chegou
no reino da bicharada.
Elefante tá de tromba
sem dinheiro na carteira.
Implorou pra namorada,
formiga trabalhadeira,
algum pra poder pagar
uma aposta que fizera.
Quem conhece a formiguinha,
seu jeito todo enfezado,
sabe que ela não gosta
da palavra "emprestado".
Se esforça, se acaba,
tem recursos na poupança,
guarda sempre pro inverno,
mas de lá não quis tirar
nem pra bem do namorado.
Puxa vida, que inferno!
Foi pro brejo a relação.
O gordo não fez por menos.
Foi procurar a cigarra,
caso antigo e conturbado,
dos tempos de boemia,
quando na farra vivia.

Foi chegando de mansinho,
e cantou junto com ela,
bonito, bem afinado,
uma canção tão romântica,
que a mulher do Simão,
uma jovem chimpanzé,
rainha da confusão,
conhecida na floresta
por pular de galho em galho,
dançou de rosto colado
com um gorila galante,
sem desgrudar um instante,
fez com ele a maior festa.
Se o marido pagou mico,
coitadinho do macaco,
bem pior aconteceu
pro colorido tucano,
narigudo pé de valsa,
bom de samba e de salsa,
que dançando no poleiro,
enlevado pelo som,
despencou lá do coqueiro
em cima da tartaruga.
Foi tão grande o salseiro,
tantas ouviu da cascuda,
que sumiu, se pôs em fuga,
num total Deus nos acuda!

Pra terminar essa história,
Só falta mais um pouquinho.
Corre à boca pequena
no reino da bicharada
que a formiga tem agora
fofíssimo namorado.
E assim por não gostar
de bicho muito acanhado
foi logo se apaixonar
por um bom rinoceronte.
E como nessa floresta
fofoca rola de monte,
dizem que nosso elefante
e a cigarra namorada
têm sido vistos cantando
num bar da noite encantada.

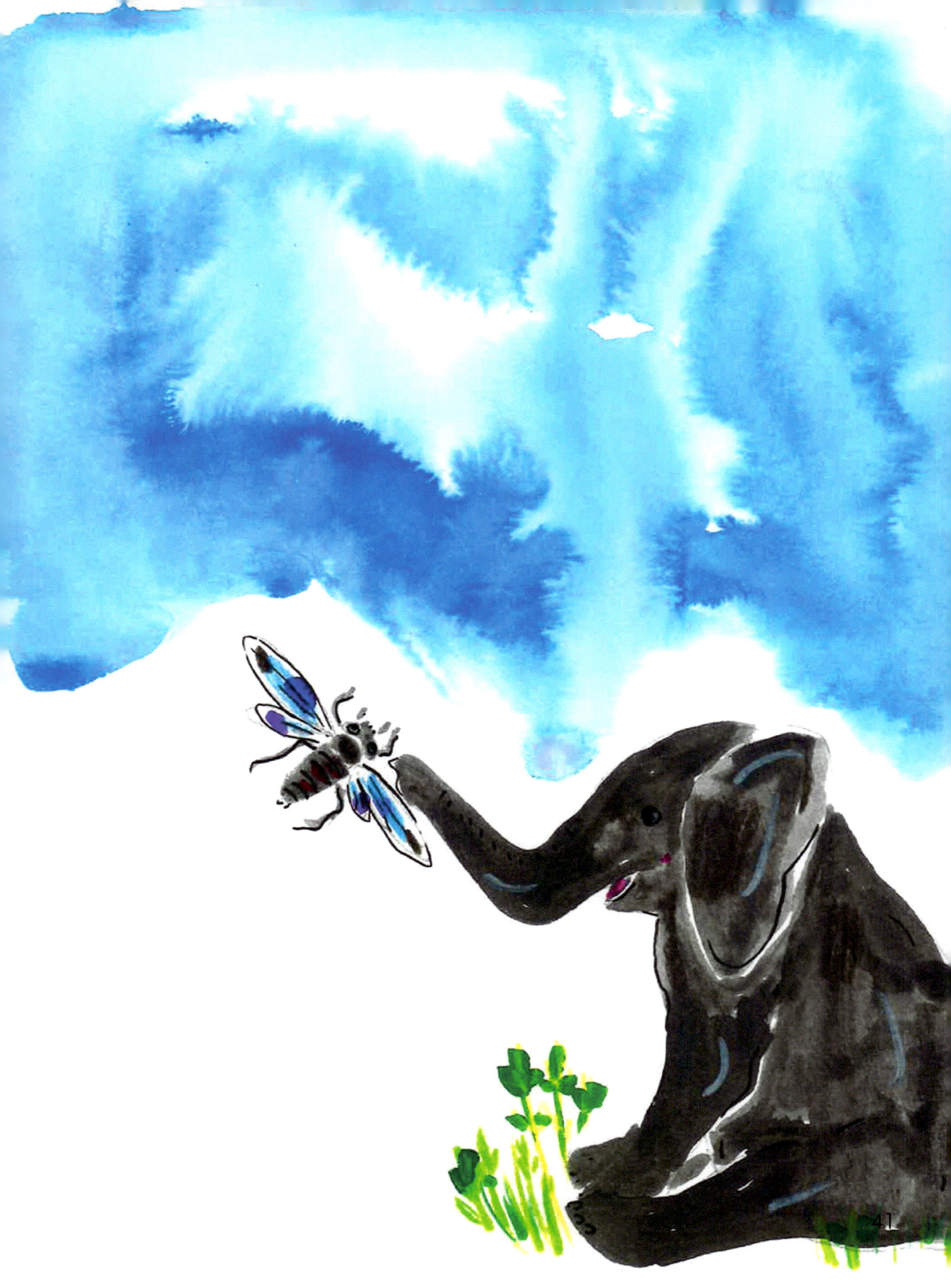

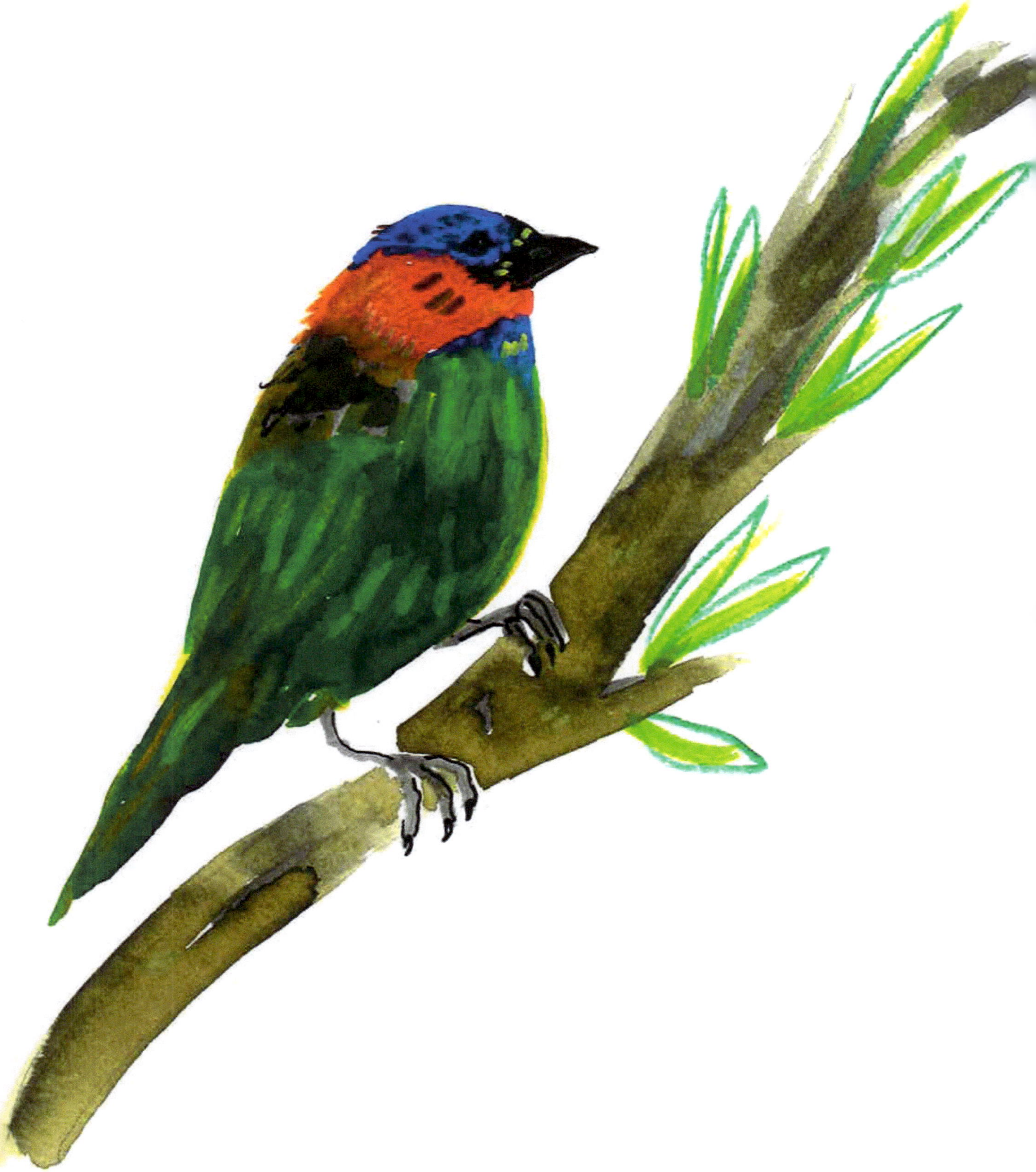

SAÍRA-SETE-CORES

Sairá?
Saíra.
Ninguém viu o avoar
encarnado.
O verde, azulão,
preto, amarelo, laranja.
Tudo misturado.
Branqueou por último.
As cores saíram
desembestadas.
O céu afogueado tão fim
de tarde.
Com toda pressa da beleza
passarinho.

RICARDO RAMOS FILHO

SOBRE O AUTOR

Muito prazer! Sou o Ricardo Ramos Filho. Quando eu era pequeno, ficava olhando meus pais lendo. Eles carregavam seus livros pela casa e, sempre que podiam, ficavam quietos, sentados, agarrados com aqueles objetos cheios de páginas. Fiquei curioso. Se gostavam tanto daquilo, devia ser bom. Resolvi experimentar e gostei. Logo estava descobrindo mundos, viajando para lugares distantes, conhecendo gente diferente. Ler se transformou em paixão. Aí resolvi escrever minhas histórias também. Acabei produzindo muitas obras; hoje tenho várias publicadas. Demorei para chegar à poesia, mas um dia descobri que, escrevendo poemas, podia brincar com as palavras. Quem é que não gosta de brincar? Falar de bichos foi fácil, já que adoro animais. Quem é que não gosta deles?

JANAINA TOKITAKA

SOBRE A ILUSTRADORA

Muito prazer! Sou a Janaina Tokitaka e nasci em 1986. Sou bacharel em Artes Visuais pela Universidade de São Paulo e comecei minha carreira como escritora quando publiquei meu primeiro álbum ilustrado, *Tem um monstro no meu jardim* (Escrita Fina, 2010). Desde então, publiquei quarenta outras obras para o público infantojuvenil.

Esta obra foi composta em Carton Six e Century Gothic
e impressa em couché brilho 150g/m²
para a Saíra Editorial em 2023